AF314353

DISCOURS

PRONONCÉS AU BANQUET

Offert le 16 Janvier 1887

Aux Membres de la Chambre Syndicale des Entrepreneurs de Peinture

PAR

M. Adolphe SARRAIL

A L'OCCASION DE LA VINGT-CINQUIÈME ANNÉE DE SA PRÉSIDENCE

REMISE D'UN BRONZE D'ART

OFFERT A M. ADOLPHE SARRAIL, PAR LES MEMBRES DE LA CHAMBRE

BORDEAUX

IMPRIMERIE VICTOR CRESPY, RUE GOUVION, 18-20

1887

DISCOURS

PRONONCÉS AU BANQUET

OFFERT LE 16 JANVIER 1887

Aux Membres de la Chambre Syndicale des Entrepreneurs de Peinture

PAR

M. Adolphe SARRAIL

A L'OCCASION DE LA VINGT-CINQUIÈME ANNÉE DE SA PRÉSIDENCE

REMISE D'UN BRONZE D'ART

OFFERT A M. ADOLPHE SARRAIL, PAR LES MEMBRES DE LA CHAMBRE

BORDEAUX

IMPRIMERIE VICTOR CRESPY, RUE GOUVION, 18-20

—

1887

DISCOURS

PRONONCÉS AU BANQUET

OFFERT LE 16 JANVIER 1887

Aux Membres de la Chambre Syndicale des
Entrepreneurs de Peinture

PAR

M. ADOLPHE SARRAIL

A l'occasion de la vingt-cinquième année de sa présidence.

REMISE D'UN BRONZE D'ART

OFFERT A M. ADOLPHE SARRAIL, PAR LES MEMBRES DE LA CHAMBRE

Les Membres de la Chambre Syndicale des Entrepreneurs
de peinture de Bordeaux étaient réunis, le 16 janvier 1887,
dans les salons du Moulin-Rouge, pour assister au Banquet
qui leur était offert par M. Adolphe Sarrail, pour fêter le
vingt-cinquième anniversaire de sa présidence.

A l'issue de ce Banquet, ils lui ont donné un bronze
d'art, *Henri IV enfant,* d'après Bosio, sorti des ateliers de
M. Gautier, de Bordeaux.

La plus franche cordialité n'a cessé de régner pendant cette fête de famille qu'ont bien voulu honorer de leur présence les Membres du Bureau du Syndicat général du Bâtiment : MM. Charles Baldy, l'un des Vice-Présidents ; E. Monbouché, Secrétaire ; Laclote, Secrétaire-Adjoint ; Buron, Archiviste. MM. Saint-Martin, Vice-Président, membre du Conseil de Prud'hommes, et Pain, Trésorier, empêchés d'y assister, s'étaient fait remplacer par MM. Le Thieur, Vice-Président de la Chambre Syndicale des Entrepreneurs de maçonnerie, et Ferbos, Vice-Président de la Chambre Syndicale des Entrepreneurs de menuiserie.

Les discours suivants ont été prononcés :

Discours de M. Gustave VINCENT

Secrétaire de la Chambre Syndicale des Entrepreneurs de Peinture,

Président de la Commission de la Souscription.

Monsieur le Président,

Je crois être l'interprète des sentiments qui animent en ce moment les Membres de la Chambre Syndicale des Entrepreneurs de peinture, en vous portant d'abord cette première santé et vous adressant ensuite nos plus sincères et nos plus chaleureux remerciements pour la bienveillance avec laquelle vous avez voulu réunir en une seule, la fête que nous avions l'intention de célébrer avec vous en l'honneur de la vingt-cinquième année de votre présidence, avec celle que, pour le même motif, vous nous donnez aujourd'hui avec une si gracieuse amabilité. Cette fête, nous n'en doutons pas, Monsieur le Président, vous a été suggérée par un sentiment de délicatesse des plus élevés que nous n'oublierons jamais, elle a pour effet de resserrer davantage les liens de bonne confraternité, d'amitié et de reconnaissance qui, depuis longtemps, nous unissent à votre personne.

Permettez-moi de vous rappeler, Monsieur le Président, qu'il y a cinq ans, à pareille époque, une fête de famille semblable à celle-ci réunissait autour de vous un grand nombre de membres de la Chambre Syndicale des Entrepreneurs de peinture. Dans un banquet que nous vous avions offert et que vous nous aviez fait l'honneur d'accepter, nous fêtions joyeusement, avec la plus cordiale confraternité, la vingtième année de votre présidence ; nous voulions, par ce moyen, vous témoigner notre gratitude pour les nombreux bienfaits qu'avait recueillis notre corporation et qui avaient été obtenus par le dévouement avec lequel, pendant si longtemps, vous aviez dirigé ses intérêts.

Depuis ce jour, nous avions conçu le projet (si les événements nous permettaient de voir se réaliser votre vingt-cinquième élection) de vous offrir alors un gage plus durable de nos sympathies envers vous ; aussi c'est avec une véritable satisfaction que le 16 décembre dernier nous vous nommions notre président pour la vingt-cinquième fois.

Déjà, en vue de cette élection, sur l'initiative de plusieurs confrères, la Chambre Syndicale s'était réunie et avait décidé qu'en l'honneur de ce vingt-cinquième anniversaire, un objet d'art, portant une dédicace pour en perpétuer le souvenir, vous serait offert à cette occasion.

La Commission, chargée de rechercher ce qui pourrait

vous plaire, a fixé son choix sur une réduction en bronze argenté de la statue d'Henri IV enfant, d'après le baron Bosio ; en faisant l'acquisition de cette statuette, la Commission savait qu'elle vous serait infiniment agréable.

J'ai donc l'honneur, Monsieur le Président, au nom de tous mes confrères souscripteurs, de vous la présenter et de vous l'offrir.

La voici. (*Applaudissements prolongés*).

Elle est bien modeste sans doute, mais nous vous prions de ne considérer que l'intention qui nous a guidés en cette circonstance. Soyez assuré que nos cœurs y ont participé pour la plus large part. Acceptez-la donc, Monsieur le Président, comme le souvenir de notre gratitude, de notre amitié, de notre reconnaissance et de toutes les sympathies que nous avons pour vous.

Nous vous l'offrons toute embaumée par le doux parfum des fleurs qui contribuent à l'embellir. Nous les avons répandues autour de cette statue avec intention, parce qu'elle est l'emblème de vos qualités, parce qu'aussi ces fleurs, dans leur langage imagé, feront les éloges de votre sagesse, de vos vertus, en termes si discrets, que nos cœurs, par ma bouche, ne sauraient vous les exprimer.

Nous vous prions donc de nous laisser croire, Monsieur le Président, lorsque vous porterez les yeux sur cette image, que vous vous souviendrez des personnes, au nombre de soixante-neuf, qui vous l'ont donnée, car elles se considèrent, parmi le grand nombre de vos amis, comme les meilleurs, les plus sincères et les plus dévoués (*Applaudissements unanimes*).

Discours de M. E. LAROQUE

Membre du Conseil municipal de Bordeaux,
Membre de la Commission de la Souscription.

Messieurs,

Désigné par mes collègues de la Commission pour prendre la parole dans cette fête de famille, je n'ai pu refuser cet honneur et je viens m'acquitter de cette agréable mission.

Quel sujet plus intéressant pourrais-je trouver après les excellentes paroles prononcées par M. Vincent, que celui de vous entretenir de notre Chambre Syndicale, sa fondation, ses débuts et les services rendus ?

Je serai obligé, dût en souffrir la modestie de notre Président, de parler souvent de lui en parlant de la Chambre Syndicale qui est son œuvre.

M. Sarrail, qu'une instruction supérieure et des études artistiques poussaient dans la voie où était si brillamment entré son ami M. Bouguereau, dut l'abandonner pour suivre les conseils de son père, qui aurait vu tomber avec regret un atelier de peinture où, depuis près de cent ans, père et fils s'étaient succédé.

M. Sarrail consentit et devint ainsi un de nos collègues ; mais quelle ne fut pas sa désillusion lorsqu'il vit l'état d'infériorité dans lequel se trouvait notre profession, relativement aux autres industries du bâtiment !

En présence de l'incohérence et de l'inexpérience de la plus grande partie de ses confrères, qui travaillaient sans profits pour eux et sans donner à notre profession tout le développement du bon goût qui est l'essence même de notre métier ; devant cette stagnation et surtout en présence de l'élévation fabuleuse de certains produits qui aurait pu occasionner la disparition de quelques ateliers, M. Sarrail sentit la nécessité de grouper autour de lui quelques hommes de bonne volonté, résolus à l'aider pour préparer un travail d'organisation propre à réunir, dans une pensée commune, tous les entrepreneurs de peinture de la ville de Bordeaux.

Grâce à son esprit d'initiative, à ses relations et à la sympathie qu'avaient déjà pour lui une partie de ses collègues, il eut la bonne fortune de réunir MM. Bordelois, Chupin, Lacoste, Laforest, Bonnet, Gustave Vincent, tous animés de l'esprit d'association et décidés à faire œuvre utile.

En pareilles mains, l'existence de notre future Chambre Syndicale paraissait assurée.

Ces Messieurs se réunirent plusieurs fois sans résultat, pendant le premier trimestre de 1862.

La tentative fut recommencée ; il fut alors décidé que M. Sarrail ferait un travail préparatoire.

Une nouvelle réunion eut lieu chez M. Lacoste ; là, le programme fut arrêté, les statuts élaborés et la première série commencée.

Ce travail très long et très difficile aboutit cependant, car le 30 août de la même année, M. Sarrail eut la satisfaction de réunir ses collègues, au nombre de quatre-vingt-dix.

Ce jour-là, Messieurs, la Chambre Syndicale prenait vie par la nomination de son premier bureau, qui fut ainsi composé :

MM. Adolphe SARRAIL, *Président ;*
Gustave VINCENT, *Secrétaire ;*
CHUPIN, *Trésorier ;*
LACOSTE, BORDELOIS, LAFOREST et MOUSTEY, *Syndics.*

Étudier les questions d'intérêts généraux des entrepreneurs et des propriétaires, étudier et proposer tous les perfectionnements possibles pour le développement de notre profession, donner son conseil dans toutes les contestations entre les intéressés, tel était le programme.

Voilà, Messieurs, l'origine et la fondation de la Société dont nous fêtons, en même temps que son vingt-cinquième anniversaire, la vingt-cinquième année de présidence non interrompue de M. Sarrail.

Grâce au travail qu'apportaient les membres du Bureau et d'autres membres dévoués, la série était distribuée à tous les peintres du département.

Il fallait la faire pénétrer dans le monde du Bâtiment et auprès des Administrations publiques.

Pour une Société nouvelle, c'était presque un tour de force qu'il fallait accomplir, étant donné que les Chambres syndicales n'étaient que tolérées à cette époque.

Il a fallu lutter contre des influences qui étaient, en principe, rebelles à l'adoption du tarif, il a fallu même se donner du mal pour gagner quelques-uns de nos collègues.

Cependant, grâce à l'autorité qu'avait prise le Bureau et aux démarches actives de son Président, l'autorité supérieure, représentée par M. Piétri, Préfet du département de la Gironde, approuvait notre Série de prix le 22 mai 1863, et lui donnait ainsi un caractère officiel.

Voici cette lettre :

A M. SARRAIL, Président-Syndic des Peintres,

à Bordeaux.

« Monsieur,

« J'ai l'honneur de vous informer que, sur votre demande
« et conformément à l'avis de l'Architecte du département,
« j'ai approuvé, en ce qui concerne tous les travaux des

« bâtiments dépendant de mon administration, la Série des
« prix de peinture pour le bâtiment, qui a été arrêtée par la
« Chambre que vous présidez.

« Quant au métreur-vérificateur que vous désirez voir
« agréer par l'Administration, il sera nommé ultérieure-
« ment sur la proposition de l'Architecte du département.

« Agréez, Monsieur, l'assurance de ma considération
« distinguée.

« *Signé :* PIÉTRI,

« Sénateur chargé de l'Administration du département
« de la Gironde »

En peu de temps, vous le voyez, M. Sarrail a su nous
grouper, faire naître en nous, qui vivions isolément, des
sentiments d'aménité et de courtoisie qui ont puissamment
aidé à notre force par l'union, et nous ont permis d'arriver
sans défaillance à notre premier quart de siècle.

N'est-ce pas là, Messieurs, un résultat qui honore les
ouvriers de la première heure ?

Pour ma part, je leur adresse l'expression de ma vive
reconnaissance.

Dégagée des préoccupations et des difficultés avec lesquelles
sont toujours aux prises les créations nouvelles, la Chambre
Syndicale s'occupe de développer le goût du dessin, en
encourageant les élèves qui suivent le cours d'ornement de
la Société Philomathique.

M. Sarrail sent combien est utile à tous cet enseignement qui doit donner à l'industrie des ouvriers habiles.

Dans une autre réunion, je disais que l'art comme
l'esprit est un instrument dont on apprend à se servir, et
qu'il fallait, par tous les moyens, faire pénétrer cet enseignement dans la classe ouvrière.

Je disais que si la pratique de l'art donne au riche une
noble et puissante distraction, elle donne aussi à l'ouvrier
les moyens de puiser les notions du juste et du beau,

et j'ajoutai : C'est en reproduisant le beau qu'il a sous les yeux que l'homme rectifie souvent son jugement et devient meilleur.

Cette opinion était depuis longtemps celle de notre Président ; et il n'attendait qu'une occasion favorable pour la mettre à exécution.

Le 25 mai 1865, M. Sarrail prend l'initiative de fonder un prix d'encouragement à accorder au meilleur élève de la classe de dessin d'ornement de la Société Philomathique.

Entrer en pourparlers avec le président de la Société Philomathique, qui a applaudi de tout cœur à cette idée, fut l'affaire de quelques jours.

Une fois la question mûre, elle fut présentée au Bureau de la Chambre qui la vota à l'unanimité.

Le premier prix a été décerné en 1865; depuis, le nombre a été porté à trois.

Les sommes dépensées pour cet effet s'élèvent, jusqu'à ce jour, à 1,700 francs.

Notre Chambre Syndicale est la première qui a eu l'honneur d'entrer dans cette voie, où l'ont suivie, avec empressement, les autres Chambres Syndicales de Bordeaux.

En lisant le magnifique discours qu'a prononcé, le mois dernier, M. le Ministre du commerce, à la distribution des récompenses décernées, aux ouvriers méritants, par les Chambres Syndicales de l'Industrie du bâtiment de Paris, discours que j'apprécie et auquel j'applaudis de tout cœur, j'ai constaté une erreur dans le passage suivant :

« Je salue donc votre Association, Messieurs; je la salue et la remercie au nom du Gouvernement et au nom de la France entière, à qui elle donne un grand et noble *exemple* qui, croyez-le bien, sera suivi. »

M. le Ministre a oublié de dire que l'idée géniale vient de Bordeaux.

Les Chambres Syndicales de Paris ont commencé à distribuer des prix en 1883, tandis que le Conseil de Prud'hommes créait, en 1865, des prix aux ouvriers méritants, et la Chambre Syndicale des Entrepreneurs de peinture donnait, dès la même époque, des prix aux adultes fréquentant les cours de la Société Philomathique en 1865. (*Applaudisse-ments.*)

S'il y a un exemple à suivre, c'est d'élargir les libéralités et de faire comme à Paris; mais nous ne le pouvons pas, et pour cause.

Je tenais, Messieurs, à vous signaler ce fait qui est tout à l'honneur du Conseil de Prud'hommes et de notre Chambre Syndicale.

Ses fondateurs n'ont pas oublié que l'exercice de la bien-faisance était le premier devoir de toute association, et qu'il fallait donner, dans la mesure la plus large possible, à ceux qui sont frappés par le malheur ou la maladie. Ce senti-ment de générosité, qui est le propre du caractère français, ne pouvait pas moins faire que de se manifester d'une façon régulière, en donnant à diverses œuvres hospitalières, puis ensuite d'une façon permanente, en créant, en 1870, sur la proposition du Président, des bons de pain distribués aux ouvriers sans travail, et des bons de coucher et de nourriture pour des ouvriers arrivant sans ressources à Bordeaux; c'est ainsi que la Chambre Syndicale a donné, en secours divers, une somme de 6000 francs. (*Applaudissements unanimes.*)

Notre Président, Messieurs, avait une ambition que nous partagions tous : celle de posséder une bibliothèque conte-nant le plus d'ouvrages possible, traitant de l'art de la cons-truction et de la décoration en général, pour être mise à la disposition de nos apprentis.

L'insuffisance des ressources (la Chambre n'est pas riche, vous le savez) n'a pas permis de faire entrer cette idée dans la période d'exécution ; il a fallu bien de la sagesse dans la direction de nos finances, pour faire face à toutes les dépenses que je vous ai sommairement indiquées ; malgré cela, nous possédons une collection de volumes évaluée à

4,000 francs, dont quelques-uns ont une valeur artistique et pécuniaire très appréciable.

Nous espérons que nos administrateurs futurs ne perdront pas cette idée de vue, et qu'ils nous en proposeront l'application, dès que la chose sera possible.

Nous espérons aussi que les jeunes viendront grossir nos rangs et nous apporter, avec leur ardeur, des idées nouvelles ; en échange, nous promettons de leur communiquer une partie de l'expérience que nous avons acquise auprès de ceux qui nous ont donné pendant vingt-cinq années l'union, la concorde et l'amour du travail.

Mon père, qui a été aussi un ouvrier de la première heure, en apportant le concours de son dévouement absolu et de son expérience, avait, en observateur sérieux, reconnu chez notre Président des qualités de droiture de caractère et une pénétration de jugement qui pouvaient être mises au service de ses concitoyens, et il n'hésitait pas, dans le banquet du 20 octobre 1864, à poser la candidature de M. Sarrail au Conseil de Prud'hommes.

Quelques jours après, c'est-à-dire le 24 novembre, les suffrages de ses concitoyens appelaient M. Sarrail à l'honneur de prendre en mains les intérêts si multiples du monde des travailleurs.

Il ne m'appartient pas de dire ce qu'il a fait de ce mandat qu'il exerce d'une manière si distinguée depuis vingt-trois ans et les services qu'il a rendus aux grands comme aux petits, aux faibles comme aux forts. (*Salve d'applaudissements.*) — Je laisse ce soin à des voix plus autorisées que la mienne pour le faire entendre en haut lieu ; qu'il me suffise de vous dire que les votes de ses collègues l'ont appelé depuis 1880 à la présidence de ce Conseil.

Puisque je suis sur ce sujet, permettez-moi, Messieurs, de rappeler la mémoire d'un homme de bien, M. Privat, qui, le premier, a institué les récompenses aux ouvriers méritants, le jour de son installation à la présidence du Conseil de Prud'hommes, le 29 décembre 1864.

M. Privat s'exprimait ainsi :

« Je fais savoir aux ouvriers de Bordeaux que je fonde à perpétuité un prix annuel de cinq cents francs qui sera remis à l'ouvrier réunissant au plus haut degré les qualités suivantes :

« Dévouement au patron.

« Conduite irréprochable.

« Long séjour dans le même atelier.

« Je donne ainsi aux ouvriers la preuve de l'intérêt que je leur porte. »

Ce fut M. Sarrail qui eut l'honneur d'être désigné par ses collègues pour faire le premier rapport et ceux faits jusqu'à ce jour, et qui obtint pour un ouvrier peintre, l'honorable M. Bruni, ouvrier de la maison Delamarre, le premier prix de 500 francs.

Les Prud'hommes patrons, suivant l'exemple de M. Privat, créèrent en même temps un prix de 250 francs.

Plus tard, les négociants en vins confièrent aux Prud'hommes le soin de distribuer deux prix, l'un de 500 francs et l'autre de 250 francs.

Je dois ajouter que c'est le résultat d'entrevues entre M. Sarrail et les négociants en vins.

Honneur à tous ces hommes qui ont fait tant de bien, et qui ont tracé la route à leurs successeurs.

Je ne terminerai pas, Messieurs, sans reporter mes souvenirs vers ceux de nos collègues que nous avons eu la douleur de perdre et sans leur adresser ces mots :

Chers morts, nous pensons toujours au bien que vous avez fait parmi nous, et nous ne nous réunissons jamais sans vous envoyer notre respectueux souvenir. (*Applaudissements.*)

Monsieur Sarrail, en rendant justice à vos qualités que nous avons tous appréciées, nous, membres de la Chambre Syndicale, sommes flattés d'avoir vu sortir de nos rangs un homme qui est l'honneur de la corporation ; nous vous témoignons nos sentiments de reconnaissance et de gratitude pour tout le bien que vous avez fait à la Chambre pendant vos vingt-cinq années non interrompues de Présidence.

Je termine, Messieurs, en vous proposant les santés suivantes :

A M. Adolphe Sarrail, président de la Chambre Syndicale des Entrepreneurs de peinture de la ville de Bordeaux, président du Syndicat général du Bâtiment et président du Conseil de Prud'hommes ;

A ses collaborateurs de la première heure, qui ont droit, eux aussi, à notre reconnaissance ;

A nos collègues que des raisons majeures empêchent de se joindre à nous ;

A la prospérité du deuxième quart de siècle de la Chambre Syndicale. (*Applaudissements unanimes.*)

Discours de M. L. TRICOCHE

Membre de la Commission de la Souscription.

Monsieur le Président,

Je ne veux pas laisser passer la belle occasion qui m'est offerte, sans mêler un peu ma faible voix à ce concert plein d'harmonie.

Vous, Monsieur, dont la simplicité seule égale l'intelligence, et qui avez été assez heureux pour rendre, non-seulement à notre Chambre Syndicale qui est votre œuvre, mais certainement à chacun de nous des services de toutes sortes, soit par vos conseils éclairés, précis, droits, toujours donnés avec cette bonhomie, cette modestie qui vous distinguent et vous sont familières, soit par l'intimité que vous avez mise entre nous, les peintres, intimité qui nous a permis de nous connaître, de nous apprécier et de nous louer tous ensemble, d'avoir à notre tête un aussi vaillant et zélé Président.

Y a-t-il eu en effet avant vous, Monsieur, un homme aussi absolument désintéressé, donnant sans compter, et son temps et souvent davantage, et cela pendant de longues années ? Vous me permettrez d'en douter.

Mais nous espérons, mon cher Président, qu'un jour une récompense bien méritée, une distinction honorifique entre toutes vous fera compter au nombre des Français d'élite qui ont rendu d'éminents services. Ce sera là le juste couronnement de votre dévouement sans borne.

Alors, les hommes de l'Industrie et du Bâtiment tout entier seraient, s'il est possible, plus fiers encore de leur Président qui répandrait sur chacun un peu de son honneur et de sa distinction, et en particulier sur les Entrepreneurs de peinture de Bordeaux, vos fidèles amis.

Messieurs, je porte la santé de M. Adolphe Sarrail, président du Conseil de Prud'hommes, président du Syndicat général du Bâtiment et en particulier de la Chambre des Entrepreneurs de peinture de Bordeaux, et celle des Présidents des diverses Chambres du Bâtiment qui nous ont honoré par leur présence.

Discours de M. PAPIN

Vice-Président de la Chambre

Monsieur le Président,

Messieurs et chers Collègues.

Je ne viens pas redire toutes les paroles d'affection et de reconnaissance que vous venez d'entendre, car tout ce que je pourrais dire serait encore au-dessous de la vérité, et, cependant, par mon grand âge, personne ici ne peut mieux apprécier les hauts services que M. Sarrail a rendus à la Corporation des Entrepreneurs de peinture.

Oui, Messieurs, grâce à son dévouement et à son influence dignement méritée, il nous a valu de compter parmi les entrepreneurs du Bâtiment. Qu'il reçoive donc ici nos remerciements bien sincères.

Mais, Messieurs, ici ne s'arrête pas toute ma reconnaissance; nous devons aussi à notre honorable Président le bonheur, mes chers Collègues, d'être réunis ici aujourd'hui.

Oui, je me retrouve avec d'anciens camarades d'échelle ou avec leurs enfants, avec de mes anciens ouvriers et même de mes apprentis.

Eh ! Messieurs, quelle vive satisfaction j'éprouve dans cette réunion qui restera gravée dans ma mémoire autant que Dieu me prêtera vie.

Merci donc aux initiateurs de cette belle fête de famille.

Merci à notre honorable Président qui en est le sujet, et permettez-moi, mes chers Collègues, de lui donner au nom de la Chambre Syndicale des Entrepreneurs de peinture, le baiser de la reconnaissance et de la fraternité.

Cette allocution est accueillie par les applaudissements de l'Assemblée.

M. Adolphe Sarrail, dans une chaleureuse improvisation, a répondu de la façon suivante :

MESSIEURS ET CHERS COLLÈGUES,

Je suis profondément ému de l'honneur que vous me faites en m'offrant ce précieux souvenir que je conserverai avec un légitime orgueil. C'est la plus haute récompense que je pouvais recevoir; aucune autre ne ferait vibrer avec plus de force les sentiments de reconnaissance dont je suis animé.

Je vous en remercie avec d'autant plus d'effusion que vous venez de donner un grand enseignement. Vous indiquez ainsi aux jeunes la route à suivre, le but à atteindre et la récompense à obtenir.

Quand je considère votre si touchante manifestation, je me demande à qui les félicitations doivent s'adresser.

Est-ce à celui qui a consacré son temps et ses aptitudes à la direction d'une œuvre qu'il a contribué à créer ?

Est-ce à ses collaborateurs de chaque jour qui lui ont continué leur confiance pendant cette longue période d'un quart de siècle ?

Croyez-en ma parole, Messieurs, l'honneur vous en revient pour la plus grande part, car c'est le propre de la nature humaine d'aimer le changement, ce qui a fait dire au poète :

> En cette vie, hélas ! rien n'est constant et sûr,
> Le ver se glisse au fruit dès que le fruit est mûr,
> L'amitié se corrompt, tout est rêve et chimère...

Vous avez résisté à cet entraînement et vos témoignages d'amicale sympathie, se renouvelant d'année en année, nous ont fraternellement conduits jusqu'ici.

La cause de notre accord perpétuel provient peut-être de ce que nous avons mis en pratique et de concert le programme que je formulais, il y a déjà longtemps, et qui se résumait ainsi :

S'occuper des autres, c'est travailler pour soi-même.

S'élever socialement, c'est rehausser la situation de ses collègues.

Je me suis préoccupé de vos intérêts, et de votre côté vous avez tout fait pour mon élévation.

A peine élu votre président, vous m'avez envoyé siéger au Conseil de Prud'hommes où j'ai eu la bonne fortune de m'associer publiquement à la remise des prix fondés par l'honorable et regretté M. Privat, dont l'œuvre philanthropique, et mes rapports annuels, ont fait leur tour de France.

C'est grâce à votre concours toujours empressé que j'ai dû le renouvellement de mon mandat de Prud'homme, et, par cela même, mon élection à la présidence de ce Conseil.

C'est à vous également que je dois, incidemment, la haute distinction de Président du Syndicat général du Bâtiment dont les membres du Bureau honorent, par leur présence, notre fête de famille.

Je veux, un peu à cause d'eux, émettre quelques pensées sur la mission et l'avenir des Syndicats.

Un de mes bons amis, érudit très distingué, disait récemment que le signe caractéristique de l'ancienne France était l'esprit d'association, et que le signe caractéristique du XIX⁰ siècle est l'individualisme.

C'est à l'esprit d'association que sont dues les corporations des arts et métiers qui assuraient la valeur du produit et répandaient la réputation du producteur.

C'est par elles que l'ouvrier faible et impuissant trouvait le moyen de défendre ses droits et de développer ses facultés.

Mais ces corporations, éléments de force à l'origine.

devinrent, par suite d'abus, une cause de faiblesse ; on aurait pu, peut-être, les améliorer en les modifiant : on préféra les faire disparaître.

A l'organisation corporative se substitua une organisation nouvelle ayant pour base l'individu, auquel elle donna la liberté, mais en le laissant isolé pour lutter contre les difficultés de la vie, ce qui donna naissance au système du chacun chez soi, chacun pour soi.

C'est pour réparer les conséquences de cet état de choses qu'on a créé, depuis près de trente ans, de nombreuses Chambres Syndicales de patrons et d'ouvriers qui deviendront, assurément, les Chambres représentatives des intérêts professionnels si elles n'oublient pas qu'il existe d'autres industries agricoles et manufacturières, dont la prospérité importe également à la richesse nationale.

Les directeurs des Syndicats devront donc faire prédominer l'intérêt général sur les intérêts particuliers de chacun ; ils devront considérer les autres Syndicats comme des frères, et, en un mot, mettre en pratique cette devise : Aimons-nous, aidons-nous.

En vous faisant, mes chers Collègues, les apôtres de cette doctrine, vous contribuerez puissamment à l'amélioration toujours entrevue et rêvée, et que nous obtiendrons si les Chambres Syndicales veulent rester sous l'empire de la sagesse, de la conciliation et de l'honnêteté.

En terminant, Messieurs, je remercie vos interprètes des éloges, un peu excessifs, qu'ils m'ont adressés, et je formule à mon tour un vœu, un désir, une prière : que nos cœurs battent à l'unisson, et disons ensemble : A l'union, à la prospérité des Syndicats du Bâtiment, et surtout, pardonnez-moi cette paternelle faiblesse, au bonheur de tous mes collègues de la Chambre Syndicale des Entrepreneurs de peinture auxquels je dois la joie que j'éprouve aujourd'hui. (*Applaudissements unanimes.*)

M. Ch. Baldy, l'un des vice-présidents du Syndicat général du Bâtiment et président de la Chambre Syndicale des Entrepreneurs de charpenterie, a prononcé l'allocution suivante :

Je veux, au nom du Bureau du Syndicat général du Bâtiment, et en remplacement de notre collègue Saint-Martin, privé, par une affliction de famille, d'assister à cette réunion, exprimer nos remerciements à la Chambre Syndicale des Entrepreneurs de peinture de nous avoir donné un Président aussi distingué que M. Adolphe Sarrail, dont nous avons pu apprécier le dévouement pour tout ce qui touche aux intérêts du Bâtiment et qui a été choisi par nous comme le plus capable de réorganiser le Syndicat général. Je suis heureux de joindre nos vœux à tous ceux qui viennent d'être formulés en termes si émouvants.

L'Assemblée tout entière fait une ovation à M. Adolphe Sarrail, qui est impuissant pour répondre aux témoignages d'affection dont il est l'objet.

M. Montaudon remercie la Commission d'organisation de la manière suivante :

MES CHERS COLLÈGUES,

Avant de nous séparer, permettez-moi de boire à la Commission qui a bien voulu se charger d'organiser cette sympathique manifestation.

Laissez-moi la féliciter en votre nom du bon goût et du tact dont elle a fait preuve dans le choix de l'objet d'art que nous offrons aujourd'hui à notre vénéré Président.

Cette œuvre est remarquable à tous les points de vue ; mais, c'est surtout au point de vue historique que nous devons nous placer pour approuver le choix de la Commission. Car on ne saurait oublier que si nous jouissons de la liberté de nous réunir et de nous grouper, sans distinction de croyances et d'opinions, pour défendre nos intérêts réciproques, nous le devons aux hommes qui, dans le passé, ont lutté pour la liberté religieuse et pour la liberté de conscience.

Et parmi ceux-là, nous trouvons au premier plan cet enfant, qui devenu homme, signa *l'Édit de Nantes*, ce grand acte politique, ce premier pas dans la voie de la tolérance qui devait conduire les générations futures à notre époque de progrès et de liberté.

Je bois donc à la Commission d'organisation. *(Applaudissements.)*

Puisque j'ai la parole, mes chers Collègues, j'en profite pour appuyer énergiquement le vœu émis il y a un instant par notre ami Tricoche.

Les applaudissements unanimes dont vous avez salué son discours, prouvent que vous seriez honorés, si une distinction méritée venait couronner la carrière si bien remplie de notre Président.

En effet, vingt-cinq années de services rendus aux corporations du bâtiment et à la classe ouvrière, tant au Conseil de Prud'hommes qu'au Syndicat général, *sont des titres exceptionnels*, et la manifestation de ce jour doit les mettre en évidence.

Je demande donc à la Commission de compléter son œuvre en adressant à la presse un compte rendu de cette fête, et je vous prie, mes chers Collègues, d'appuyer ma proposition. *(Applaudissements et approbations unanimes.)*

Cette fête de famille se termine par quelques morceaux de musique exécutés d'une façon très intéressante par MM. Michaut, Dupont fils et Durand. Une quête pour les pauvres est faite par M. Laroque, pendant que M. Michaut entonne, de sa superbe voix de baryton, *l'Hymne à la Charité*.

Noms des Membres de la Chambre Syndicale des Entrepreneurs de peinture de Bordeaux qui ont souscrit pour offrir à M. Adolphe Sarrail, président, la statue en bronze argenté d'Henri IV enfant, d'après le baron Bosio

MM.

Allot.
Artus.
Baureau.
Benech.
Besse.
Betton.
Boize.
Bonnet père.
Bonnet (Charles).
Bonnet (Henri).
Bonneau.
Bordes.
Bosc.
Bourguigne,
  à Blanquefort.
Boyer.
Carelli.
Chaillou (Valmy),
  à Blanquefort.
Chazeaud.
Chupin
Ciroux.

MM.

Conjeaud.
Coudray,
  à Langoiran.
Demont.
Diver (Justin),
  à Lesparre.
Dubroué père.
Dubroué (Fernand).
Dupont père.
Dupont (Georges).
Durand.
Giacardy.
Gintrac-Joasset.
Lacombe.
Laforest.
Laroque.
Lasserre.
Lauriol.
Lechesne.
Marly.
Marfaing.
Martin.

MM.	MM.
Michaut.	Ribeyre.
Micheneau.	Saint-Germier.
à Caudéran.	Sainthérand.
Miller.	Savariau.
Montaudon.	Servan,
Moulis (F.).	à Cambes.
Moulis (Adolphe).	Sorano.
Moustey.	Stocker jeune.
Olagnier.	Thevenet (A.)
Oursule.	Tricoche.
Papin.	Vallet (Émile).
Philoche.	Vallet (Georges).
Poujeaux père.	Vincent (G.) père.
Poujeaux (Henri).	Vincent (Henri).
Poujeaux (Louis).	Vincent (Paul).
Purgues.	

COMMISSION DE LA SOUSCRIPTION

MM. Gustave VINCENT, LAROQUE, TRICOCHE,
DUPONT père, SORANO.

BUREAU DE LA CHAMBRE

pour 1887

MM. Adolphe SARRAIL, *Président*.

PAPIN, *Vice-Président*.

Gustave VINCENT, *Secrétaire*.

DUPONT père, *Trésorier*.

Adolphe MOULIS, *Archiviste*.

Paul VINCENT, *Secrétaire-Adjoint*.

LAFOREST, BAUREAU, A. MICHAUT.

Bordeaux. — Imp. V. Crespy, rue Gouvion, 18-20.

9 782329 429199